Yvonne Bader *(Pema Wangchuk)*

*Ein lahmer Lama oder warum
das Leben paradox ist*

Innenansichten einer Heilerin und eines Mediums

Innere Reisen: Teil 1

Für
Felicitas & Mavis,
meine Mama und Pap´s,
Tulku Ugen
und alle lieben
Wegbegleiter zum Dank.

Die Deutsche Nationalbibliothek verzeichnet diese Publikation in der Deutschen Nationalbibliografie; detaillierte bibliografische Daten sind im Internet über http://dnb.dnb.de abrufbar

© Yvonne Bader 2017

Herstellung und Verlag:
BoD-Books on Demand, Norderstedt
ISBN: 978-3-7431-3884-1

Abbildungen:
Umschlagseite vorn: „Kristallspirale" ,
S.68 „Regenbogensprünge",
S.72 „Padmasambhava mit Regenbogen"
von Yvonne Bader
S.23, Tulku Ugen, Foto von Guido Lück
S.70 , S. 100 Foto, Yvonne mit Mavis
(„Delmenhorster Kreisblatt - dk-online,
11.06.2016; Foto: Andreas Nistler".)

Wahre Worte sind nicht schön, schöne Worte sind nicht wahr.
Tüchtigkeit überredet nicht,
Überredung ist nicht tüchtig.
Der Weise ist nicht gelehrt,
der Gelehrte ist nicht weise.
Der Berufene häuft keinen Besitz auf.
Je mehr er für andere tut,
desto mehr besitzt er.
Je mehr er anderen gibt,
desto mehr hat er.
Des Himmels TAO ist fördern,
ohne zu schaden.
Des Berufenen TAO ist wirken,
ohne zu streiten.

(Laotse)

Inhaltsverzeichnis

Prolog.. **9**

1.Kapitel: Die Flucht oder als meine Seele zum ersten Mal meinen Körper verließ....... **15**

2.Kapitel: Flatternde Spatzen oder geteert und gefedert.. **22**

3.Kapitel: Meine erste Mala und meine ersten Mantren... .... **42**

4.Kapitel: Wie bewegen sich Seelen, wenn sie ins Licht gehen ?........................... **48**

5.Kapitel: Selbst erlebte Arten der Reinkarnation.. **61**

6.Kapitel: Regenbogen innen und außen...... **67**

7.Kapitel: Oh nein, ich glaube meine Oma war eine Hexe... **75**

8.Kapitel: Träume... **81**

9.Kapitel : Hellfühligkeit, was bedeutet das eigentlich...?... **85**

Langlebensgebet für Tulku Ugen.................................. 95

Fußnoten... 96

Das „Warum" zum lahmen Lama.. 98

Autoreninfo.. 100

Prolog

November 2003

„Du, jetzt denkt **SIE** gerade an mich",
säuselte **ER**, den Blick
durch das Wohnzimmerfenster in Richtung Norden heftend …
und ich, ich dachte nur: „Ach Du Scheiße, jetzt ist er komplett durchgesemmelt...!"
...danach ging alles recht schnell,... einerseits, ...andererseits
schien es eine Ewigkeit zu dauern...
Er komponierte freudestrahlend am Y 77 Liebeslieder, im Wohnzimmer
...für **SIE**...
…ich saß mit Kloß im Hals in der Küche, ..."Katzenjammer"
...im Radio dudelte gegen die Eigenkompositionen nebenan...
"Wenn es Dich irgendwo gibt, dies ist Dein Lied..."
..."schön, daß er nun endlich liebt", dachte ich...
..."schade, daß …is jetzt auch egal ".

Nach 3 zermürbenden Monaten, die wir getrennt zusammen unter einem Dach verbrachten...
...stand ich nun an der selben Stelle, vor dem Fenster und sah ihn voller Tatendrang davon radeln...
Richtung Bahnhof, Richtung Küste, Richtung „Neues Leben"

...ich blieb´zurück...
...Wohnung leer, Kopf leer, Herz leer ...Stille.

...mit einem riesigen Fragezeichen auf der Stirn.

März 2004

„Wie geht es Ihnen?"...ich hörte die Frage zwar, bezog sie aber mal wieder nicht auf mich...ansonsten bin ich sowieso immer diejenige gewesen, die die anderen fragt, wie es ihnen geht...

Wenn jemand hinter mir auf der Straße pfeift, fühle ich mich ebenfalls nie angesprochen...denke immer, es gilt einem Hund...

So bin ich also auch jetzt vertieft in den Ordner mit dem Wareneingang, mit dem ich mich gemeinsam hinter dem Tresen verschanzt habe...

..."Wie geht es Ihnen ?"
„Hm?" ...der nette Herr, mit den fröhlichen blauen Augen, meint mich...

„Ähm" ...ich bin etwas verdattert...antworte „Bla-bla".

Er kauft bei mir „Die Welt" und verläßt den Laden.

Meine Kollegin kommt zur Mittelschicht ...endlich mal ´ne „Ablösung", habe schon wieder extra wenig Wasser getrunken, damit ich nicht zur Toilette muß...

Bei dieser Firma entwickle ich mich eh noch zum Kamel...so oder so...

Mir fällt auf, daß ich schon lange kein gutes Buch mehr „verschlungen" habe...toll, verkaufe nationale und internationale Schriften aller Art und habe selbst keine Zeit mehr zum Lesen...

Aber genau so etwas scheint heute der Normalzustand zu sein...

Letzt´ in der Schule durften die Kinder, während der Pause, in der Bücherei, die Bücher nicht anfassen...erst hielt ich diese Aussage von einer Lehrerin für einen schlechten Scherz...nein, das war genau so gemeint...

Danach stand ich ´ne ganze Zeit konsterniert kopfschüttelnder weise auf dem Schulhof und hatte Impressionen von Tankstellen, an denen man nicht tanken darf, Bäckereien, wo man kein Brot bekommt...usw.

…überhaupt fällt mir in letzter Zeit auf, daß ich vieles als Scherz einordne, da es völlig grotesk wirkt, die Betreffenden aber ihren Standpunkt vehement vertreten... allen Ernstes.

..."Ab 19:00 h gibt es hier kein Abendbrot mehr...! "19:01 h …zu spät.

Psychologie war mal eins meiner Lieblingsfächer, mittlerweile habe ich mich mit mir darauf geeinigt, manches gar nicht mehr verstehen zu wollen.

Das ist meine Art von Emanzipation in Bezug zum gegenwärtig **all**-gemein **herr**-schenden **mensch**-lichen Geisteszustand.

Glück gehabt, ich darf meinen Focus auf die Seele richten...

Ja und wie das alles begonnen hat, das ist so unglaublich und mit so vielen **Zu**-fällen verbunden, daß ich hoffentlich zum Nutzen aller verständigen und offenen Mitbewohner eine kleine Geschichte vorzutragen habe, die für jeden zumindest inneren Reichtum schafft.

…oft habe ich es schon bei anderen Texten gelesen, daß man es sich vorher gut überlegen sollte, den Text zu lesen, da er eventuell „Bewußtseins-erweiternd" sein könnte.

…mach` ich hier nicht…
…aber manchmal öffnen Bücher Welten, wenn mir das hiermit gelingt, ist alles wünschenswerte erreicht.

1. Kapitel:
Die Flucht oder als meine Seele zum ersten Mal den Körper verließ

Es ist kurz vor Mitternacht… er hat schon wieder zu viel Bier getrunken.

Mittlerweile verbraucht er 5 Liter pro Tag und wieder wurde ich
von einem Irrglauben befreit.
Auch „nur Bier" macht blau, aggressiv, besoffen, vergesslich und total kaputt
…vielleicht etwas „schleichender", als Whisky oder Wodka.

Bekam letzt´ erst wieder meinen Vorschlagsband von der Büchergilde
….Stevenson/ Dr. Jekyll and Mr. Hyde…lese an und denke, jau, das habe ich hier mittlerweile fast täglich…

Abends bin ich liiert mit einem irren, autistisch veranlagtem Polytoxikomanen,
der morgens, nach dem Reset,

am Tisch sitzt und mich fragt, was ich denn hätte…
Stimmt, was hab´ ich denn nur, er wollte mich gestern nur umbringen und hat einen Stuhl zu Kleinholz geschlagen…eigentlich alles normal…

…Gott sei Dank ist er schon nach oben gegangen, zum Pennen.

Ich habe Angst…mache mir noch eine Suppe warm, der Ofen gibt noch genug Wärme ab, stell´ den Topf einfach oben drauf…das Holz knistert…mir ist latent übel…meine Nerven waren schon mal besser, echt…vielleicht sollte ich meinerseits auch weniger Gras rauchen…und irgendwie ist in dieser Nacht im November 1999 alles anders, als sonst…

…mache noch den Abwasch, stehe an der Spüle, mit dem Gefühl, die Zeit würde rückwärts laufen…geh´dann ins Bad, später, als ich das Gefühl habe, es geht streßfrei, kletter auch ich die Stufen nach oben…

…irgendwie habe ich das Gefühl, daß meine bereits vor vielen Jahren verstorbene Ur-Oma in diesem Moment bei mir ist und mich behütet…

Ich liege jetzt neben ihm…spüre die miesen Vibrationen, der Streit von vorhin steckt mir noch in den Knochen, den vor Wut irren Blick sehe ich noch vor mir…
„Mann, das geht schon 9 Jahre so, ich kann das nich´mehr…"

…"ja, meine Ur-Oma",…ich liege noch wach, denke daran, als ich damals mit 16 Jahren „Gläser-rücken" ausprobierte…

…zusammen mit zwei Freunden, bei mir im Kinderzimmer…ich dachte natürlich, das sei alles nur völliger Humbug…einer von beiden legte die Buchstaben im Kreis auf meinen niedrigen Holztisch, dann wurde ein Glas, mit dem Boden nach oben in die Mitte des Kreises gestellt…

...ich sollte mir eine Frage ausdenken und machte es natürlich so geschickt, daß beide die Antwort nicht wissen konnten...

Meine Frage lautete. „Wie heißt meine verstorbene Ur-Oma?"....

...wir legten alle unseren Zeigefinger auf den Glasboden...es setzte sich in Bewegung...der erste Buchstabe war ein A, der zweite ein G....der nächste ein N, darauf kam ein E und zuletzt ein S...

Ich kriegte Gänsepelle, jau alles korrekt, ihr Name war Agnes...danach war ich eines Besseren belehrt, also „doch kein Quatsch"...

In den nächsten Wochen hatte ich in meinem Zimmer eine Art „Poltergeist"...

Alles fiel runter...selbst Schlüssel, die mitten auf dem Tisch lagen, die eigentlich gar nicht runterfallen konnten...

Eines Tages kam völlig unvermittelt ein Regal runter, was immer über meinem Bett hing…der Wohlfühlfaktor in meinen vier Wänden war sozusagen „Im Eimer"…ähm… vielleicht habe ich deswegen die meiste Zeit lieber bei meinem damaligen Freund übernachtet…

Von da an war ich, bis zu meinem finalen Auszug, bei meinen Eltern, nur noch eine Art Untermieter…klar, mein Zimmer war ja auch belegt… jetzt finde ich das witzig und völlig logisch…

…vielleicht sollte ich dort nochmal hin, fällt mir gerade ein und endlich mal „die Hütte" reinigen, was ich heute für andere häufiger mache, da ich jetzt Heilerin und Medium bin.
(Nachtrag, mittlerweile (2014) habe ich dieses Zimmer energetisch gereinigt, es wurde bereits renoviert, alles gut)

…es ist gegen 4:00 h, gleich kräht wieder der Hahn…meistens wird Kai schon vorher wach…ich muß weg…geh´nach unten, den Weg zur Toilette…gehe aber schnurstracks dran vorbei und schleiche leise die Treppe bis ganz nach unten…ohne Brille auf der Nase (dabei bin ich blind, wie ein Maulwurf, da kurzsichtig) , ohne Schuhe, ohne Jacke…würde sonst ja auffallen…ich verlasse das alte Haus und renne los…dreh´mich nicht mehr um, habe das Gefühl, mein einstiges zu Hause hinter mir brennt lichterloh.

…schnell, ich muß von der Straße runter …laufe querfeldein, durch die Vorgärten…er könnte versuchen mich mit dem Auto zu verfolgen…bin nun ja schon das dritte Mal weggelaufen… "Diesmal gehe ich nicht zurück"…er ändert sich nicht, …"Meine große Liebe"…."alles Schutt und Asche"… und noch ein Irrglauben erledigt sich… Liebe macht nicht alles heile und auch nicht alles gut.

Diese falsche Annahme hat mich nun fast umgebracht und ich weiß‚" **ICH WILL LEBEN !"**

In dieser Nacht sehe ich mich selbst von oben auf der Straße laufen, nehme noch Katzengestalt an, kletter über Palisaden, verstecke mich in einer Regentonne (Igitt, nass-kalt-stinkt-wie-Otter) und rette mich in der Morgendämmerung, indem ich wahllos auf die Klingel eines Mehrfamilienhauses drücke und mir „Gott sei Dank" eine junge Mutter, mit zwei kleinen Kindern Einlaß gewährt.

Sie macht mir eine Tasse Tee, die ich dankbar annehme, lange meine Hände daran aufwärme und kurze Zeit später vor Dankbarkeit auf die Knie sinke, um ihr die Füße zu küssen.

„Gerettet....", denke ich noch, nicht wissend, was ansonsten noch auf mich zukommt, denn in diesem Moment weiß ich noch nicht, daß dieses jetzt nur die Vorgeschichte meiner Odyssee sein wird.

2. Kapitel :
Flatternde Spatzen oder geteert und gefedert

Seit ungefähr einer Woche weiß ich, daß ich, außer meiner Ur- Oma, auch einen sogenannten Schutzengel habe...bisher hat mich dieser „Engel-quatsch" herzlich wenig interessiert...bis ich diesen Film sah

http://www.youtube.com/watch?v=YtNtrXgR1vg&feature=BFa&list=PL2E59D2133A543F6B

Bin ja schließlich seit 2008 Buddhist, mein Wurzellama Tulku Ugen,

gab mir den Namen Pema Wangchuk und ich erhielt 3 wichtige Initiationen. Padmasambhava[1], Medizin-Buddha und Dorje Drolo[2]..
...ich gehöre zur Linie der Nyingmapa[3] und gehe den sogenannten Weg des Dzogchen[4]...

...so und nun auch noch Engel und dann nicht mal so´n dahergelaufener, sondern ich vernahm durch „inneres Hören" den Namen **URIEL**... super, ein Erzengel...und das in folgend geschilderter Situation.

Bin im Bad und will Hawi, den Vater meiner ersten Tochter Feli, der an Alzheimer erkrankt ist, wie immer waschen und anziehen, die Therme in der Küche macht auf einmal Geräusche, als wenn sie demnächst in die Luft fliegt.

Es rumpelt im Schornstein und mein erster Gedanke ist gleich...nix wie ausschalten, sofort...Drück´den Knopf...das Gerumpel geht noch weiter...irgendwann beruhigt sich das Ganze...ich auch...starre weiterhin angespannt, mit einer gewissen Faszination, auf die Anzeige...toll, natürlich Samstag Nachmittag, kein Monteur zu erreichen, wie immer, wenn so was ist...das passiert natürlich am Wochenende...klar... so und jetzt ???

*ich vernehme wie gesagt innerlich den Namen **URIEL**...und denke prima, dann kann ich meinen Schutzengel ja gleich mal auf Vertrauen testen...jeder andere hätte die Therme nicht wieder eingeschaltet...ich habe „meinen Draht" gefragt, ob ich gefahrlos alles wieder anschalten kann und soll und es kam , „das Ja" und so tat ich es voller Vertrauen und bin nicht, wie einst „Lehrer Lämpel" (Max & Moritz/ W. Busch), in die Luft geflogen.*

Daraufhin habe ich mich die folgenden Tage mit dem Engel beschäftigt...toll ich lerne, daß Uriel „Gott ist mein Licht„ bedeutet, außerdem ist er u.a. der Schutzpatron von Schriftstellern...wie passend und was für ein Zu-fall....habe ich doch erst vor wenigen Tagen begonnen, meine gedanklichen Fäden auf´s Papier zu „spinnen".

Außerdem ist sein Tag der Donnerstag (an dem Wochentag schaffe ich immer mehr, als an anderen), seine Pflanze ist Johanniskraut (stelle zufällig selbst Johannisöl her, mit den Blüten der Pflanzen aus meinem Garten) und er macht auch noch so allerlei andere Dinge, wo mich dann zuletzt nicht mehr wundert, daß er zu mir gehört...

...aber es kommt noch „dicker" ...die Erzengel arbeiten gerne mit aufgestiegenen Meistern zusammen.

In meinem Fall ist es Seraphis Bey...aha, ich lerne, daß er den Energiefluss des ersten Chakras[5] stärkt und die einzige aufgestiegene Meisterenergie ist, die für alle Chakren gleichermaßen da ist ...aha...ist gleichzeitig eine starke Reinigungsenergie...bringt Licht ins Dunkle...na, das passt ja...
...so und es ist bekannt, das er mehrfach inkarniert ist...

als

1.) Atlantischer Hohepriester (vor über 11.500 Jahren)
– bis vor gar nicht langer Zeit habe ich einen Larimar[6] als Anhänger getragen und hatte eine große Affinität zur Geschichte von Lemuria[7].
2.) Pharao Amenhotep III (1417-1379 v. Chr.)
3.) Leonidas, König von Sparta (etwa 480 v. Chr.)
4.) einer der Baumeister, die den Tempel von Pallas Athene, den Parthenon auf der Akropolis geplant haben.

…fühlte mich immer nach Griechenland hingezogen und habe in der Schule Werte und Normen geliebt, das Höhlengleichnis, Platon, Sokrates, Aristoteles...sie waren mir alle gleich so vertraut, wie alte Bekannte...selbst im Studium liebte ich die Philosophie („Panta rhei „ - alles fließt).

Geendet habe ich dort bei Kant und der Kritik der reinen Vernunft, dann verließ ich die Hochschule erhobenen Hauptes ohne Abschluss, denn dort sah ich meine Suche nach Wahrheit beendet.
(Nachtrag, gerade eben ist mir aufgefallen, daß es die Suche nach Liebe, also die Suche nach Gott gewesen sein muß, die mich angetrieben hat…von mir aus auch die Suche nach Licht, ist für mich eh alles das Gleiche.)

…es war die UNI nicht der richtige Ort…das UNI-versum hätte mir eher eine Antwort gegeben.

Mittlerweile habe ich den richtigen Ort hier in unserem zu Hause gefunden. Nachtrag…tiefes Ausatmen: „der Ort ist in meinem Herzen, nirgendwo anders."

…jetzt aber nochmal zu den Seelen…

letzt´ war eine Bekannte hier zum Behandeln und als ich sie fühlte, ergab sich vor meinem inneren Auge, für ihren seelischen Zustand, folgendes Bild...

Ich sah einen Spatzen, der aufgeregt hin und her flog...als wenn man ihn mit einem Netz gefangen und danach in eine Voliere gesperrt hat und er noch ängstlich, verstört umher flattert. Dieses Seelchen habe ich Kraft bestimmter Mantren und Rauchquarz wieder zur Ruhe gebracht...

…genau das entgegengesetzte Bild, ergab sich ein paar Tage später, bei einem sehr guten Freund, den ich vor ca. 20 Jahren als Bruder adoptiert habe...Mein lieber A...
...er nannte mich Yps...

…all sein Schutz hatte versagt (Schneeballobsidian-kette, normale Bodhi-seed Mala, Shivas Eye), wahrscheinlich hatte er schon wieder zwischenzeitlich an der „Höllentür" geklopft...

...also, bei ihm fühlte sich die Seele ganz anders an....eher so, wie ein Reiher, der nach einer Ölpest im Meer baden gegangen ist und sein ganzes Gefieder völlig verklebt ist...die Seele ließ sich nicht mit Mantren bewegen, dann versuchte ich verschiedene Steine zum Reinigen...u.a. Obsidian...ich merkte schon, keine Chance...

Zufällig hatte ich vor ca. 1 Woche u.a. eine „Schwingungszelle" von Seraphis Bey bestellt, bekommen und nach dem Gebrauch war A. recht schnell wieder „sauber"...alles wieder gut...ich war besorgt, denn ich wußte in dem Moment, daß ich ihn mit „irdischen Energien" nicht hätte befreien können...

„...Er scheint wohl wichtig zu sein, wenn er immer wieder so massiv von „der anderen Seite angefochten und ausgeschaltet wird", dachte ich bei mir. Hatte eh schon das Gefühl, wir kennen uns länger. Vielleicht bestand mal eine Verbindung über die Rosenkreuzer...aus vergangenen Inkarnationen.

Nachtrag...er ist 2015, am 9. September gegangen, ich durfte ihm nicht mehr helfen...Leukämie.

Gehört nun mit zu den traurigsten Kapiteln, doch ich bin so weit mit ihm gegangen, wie ich konnte.

Weiter durfte ich nicht. Das wurde mir auch deutlich von „der anderen Seite" gezeigt. Einmal wollte ich, als ich ihn am Telefon hatte, von hier aus seine „Hütte" reinigen.

Ich also meine Hände zum Arbeiten wieder erhoben, meine Energien gebündelt und genau auf dem Strahl, den ich ausgesendet hatte, kam mir eine Gestalt entgegen, die den „schwarzen Reitern" aus „Herr der Ringe" (J.R.R.Tolkien) erheblich ähnlich sah.

Ich weiß bis heute nicht, was mein lieber A. so alles verzapft hat, nur hat er wohl irgendwann in einem Deal seine Seele verkauft, anders kann es nicht sein...

...apropos Anfechtung und Ausschalten...
...wo wir gerade beim Thema Reinkarnation sind...
Fei (Chuang Chub Dorje), den lahmen Lama (Ngagpa-Lama) , haben sie heute Morgen (3.11.2012) aus seiner Wohnung getragen...er ist in der Nacht von Allerseelen auf heute verstorben.

Sein Wurzellama war „zufällig" C.R. Lama, der Papa meines Wurzellamas.

Heute Morgen war die Schwester von A. da...zum Behandeln...3 x versuchte mich eine andere Bekannte an die Strippe zu bekommen, da war mir schon klar, es mußte was passiert sein...
...ich rief´zurück und da sie neben Fei wohnt, sah sie, wie dort heute ein „schwarzer Wagen" vor der Tür stand...sie haben jemanden raus getragen und dieser jemand war vermutlich Fei.
Ich war mit den Kindern heute Nachmittag im Kino und wir haben Madagascar 3 in 3D gesehen...das war ganz irre...

als wir zurück waren, sah ich, der Nachbar von Fei hatte versucht mich zu erreichen. Ich habe ihn zurückgerufen und bekam
auch von ihm die Bestätigung, daß Fei „gegangen" ist...

Mir ist übel...habe im Moment einen Gefühlszustand, der sich mit Worten nicht fassen läßt...spüre einen Druck auf meinem Solarplexus, mir ist schlecht, habe vorhin geheult, weil man ihn einfach nicht retten konnte...jetzt ist mein Kopf in einer Art „Schwebezustand"...
"Om Ami Deva Shri"

Gestern hatte ich noch für ihn eingekauft...hatte aber keinerlei Ambitionen, ihm Brot, Birnen usw. vorbeizubringen und war durch behandlungsbedürftigen Besuch auch ständig beschäftigt bzw. gehindert, diesen Ort hier zu verlassen...abends dann habe ich das Schwarzbrot, was für ihn gedacht war, eingefroren...dabei mache ich das mit Brot normalerweise nicht...

Ich hätte es ja auch heute hinbringen können...hatte ich aber offensichtlich nicht vor...bzw. sollte es so nach TAO nicht sein...

Genauso unwirklich, wie Fei vor 4 Jahren in mein Leben getreten ist, verabschiedet er sich nun auch wieder...habe gerade Kerzen angezündet und in Windlichter gestellt, zünde gleich noch ein Räucherstäbchen an und versenke mich in Meditation...fühle mich elend...wie mies kann eine großartige Geschichte nur enden, dabei fing alles so phantastisch an...

Als ich ihn auf dem ersten Foto in buddhistischer Kluft sah, haute mich der Anblick total um. Ich dachte, da steht „Obi-Wan" aus „Star Wars" persönlich vor mir...
...witziger weise macht Meister Yoda die gleiche Handhaltung, wie Daoisten, wenn sie beten, wenn er sich mit „der Macht" verbindet. Das sah ich zufällig auf einem DS-Spiel von Feli...

…was ich noch hinzufügen muß…
Fei war mal mein Sohn.
Seine Mutter war verstorben am 28.09.1966. Mein Geburtstag ist der 28.09.1969…ich könnte jetzt noch mehr Indizien anführen, die einen glatt erschlagen, doch damit soll sich der interessierte Leser nun vorerst begnügen…

…ich verstand nicht, wie er als Lama[8] lahm sein konnte (damit fing es an) und versuchte auf allen erdenklichen Wegen, ihn wieder zum Laufen zu bekommen.
Ich hatte gute Erfolge bei ihm…und dennoch, wenn jemand selbst keine Schwimmbewegungen macht, kann man ihn nicht vor dem Ertrinken retten…und so kam es dann auch.

Fei konnte Zeit seines Lebens nicht schwimmen, das hatte er echt nie gelernt und letztendlich ist er innerlich ertrunken…

…Was ist das, makaber oder grotesk ???

...wie Dieter Krebs stirbt ausgerechnet an Krebs...wie bescheuert ist das denn eigentlich ???

Eine ältere, mir bekannte Dame, ist nach dem Maya-Kalender ein „Gelber Mensch" und womit kam sie jetzt (August 2016) mit über 80 Jahren ins Krankenhaus ???
...natürlich Gelbsucht...das ist doch alles ganz schön heftig.

Man gut, daß ich den „schwarzen Humor" von meinem Pap´s, der Bremer ist, geerbt habe. Dieser ist dem englischen sehr ähnlich...

Zwischenspiel :
...es ist auffällig, daß seitdem Fei nicht mehr in seinem „alten Körper" steckt, Manni sehr häufig hier ist...wir sehen uns jede freie Minute und mich hat es doch arg erwischt, ich hab ihn echt lieb´...weiß noch immer nicht, was ich so von allem halten soll und letzten Donnerstag, das war der Hammer...

ich telefoniere noch lange mit Jan...auch, um einzuordnen, was im Moment so alles passiert und warum... ...z.B. bin ich, seit ich den vorletzten Freitag allein auf dem Triggerfinger-Konzert, im Modernes, in Bremen war, nach 21 (3x7) Jahren wieder mit Hut unterwegs...

Ich wollte „I follow rivers" unbedingt live hören und die zweite Stimme dazu singen...außerdem mag ich den Sänger (Ruben Block) ...der hat was...überhaupt stecke ich gerade wieder in einer Phase der Veränderung.

Teilweise gibt es eine Wiederkehr alter Themen, die wohl gefundene Standpunkte letztendlich festigen sollen, las ich in einem anderen gechannelten Text, den ich letzt´von Jan bekam...da war ich auch gerade wieder ziemlich orientierungslos „im Nebel" unterwegs. O.K., wie immer war es ein sehr fruchtbares Gespräch...wieder fast 2:00 h nachts...ich lege auf, noch in Gedanken...

Auf einmal höre ich es im Windfang rumpeln...nicht zu fassen...da stand Manni, völlig knülle...er mußte durchs Katzenfenster geklettert sein...die hatten sich nach dem Laternenfest ganz heftig einen auf die „Lampe" gegossen und anstatt zu seiner Freundin zu latschen, hatte ihn sein Herz hierher navigiert...er war mal „out of control" und stand nun Liebe säuselnd, schwankend vor mir, daß ich Not hatte, ihn ohne Sturz ins Bett zu manövrieren...ganz lieb´...mit viel „ich liebe Dich", „Du bist es" und „mir ist jetzt alles andere scheißegal" und...

...gut, er zog sich die Klamotten aus und stückweise bekam ich ihn dann so nach oben zum Kopfkissen gerobbt, daß er im Bett lag, ohne daß die Füße draußen hingen...ich mußte ja Hawi noch ins Bett bringen, was ich auch tat, danach kam ich nach unten und hörte Manni sägen...aber wie...habe mich dann leise ebenfalls hingelegt, denn ich mußte wegen Feli ja auch in wenigen Stunden wieder hoch und zur Schule...

trotzdem war ich einerseits glücklich, denn Kinder und Besoffene sagen ja bekanntlich die Wahrheit und ich hatte ihn noch nie so blau, aber klar und deutlich formulieren gehört, was er für mich empfindet. Außerdem hatte ich ihn nachts nun endlich mal neben mir...andererseits war ich irritiert, denn er hat mir vorher immer beteuert, er hätte sich auch betrunken voll unter Kontrolle...also, doch Fei ???...den hatte ich nämlich öfter völlig aus der Spur hier erlebt...

…einmal war er sogar nachts aufgestanden und sofort wieder umgefallen, wie eine deutsche Eiche, voll auf mich drauf....ich war im Tiefschlaf und bekam so geweckt fast ´n Herzinfarkt, worauf er nur lapidar sagte: „Stell Dich nicht so an !"

Freitag gegen 10:00 h, nach energetischer Behandlung, hat Manni dann hier die „heiligen Hallen" verlassen.

Er war ziemlich verwirrt und durcheinander, daß er nun wirklich hier aufgewacht ist...sein Körper war wohl „ungewollt" mitgekommen, daß seine Seele ständig hier ist, das fühlte ich ohnehin jeden Tag. Er wollte sich auf die Suche nach dem gestrigen Abend machen...Hut weg, Cd´s weg, das Fahrrad hatte ich an der Schule gesehen, als ich Feli hinbrachte ...Manni hatte Blessuren, von denen er annahm, er hätte sich mit irgendwem gehauen...seitdem habe ich bis jetzt nichts mehr von ihm gehört oder gesehen...

(Nachtrag: Er hatte den Hut in der Nähe von Fei´s letzter Wohnung gefunden, gehauen hatte er sich wohl mit einem anderen in einer Kneipe um die Ecke, da wollte Fei immer mal hingehen...)

…gestern hatte ich tüchtig Sehnsucht, so daß ich nach Sehnsucht gegoogelt habe und das war so bescheuert, ich landete bei einem Drama in 3 Akten von Lord Byron und das trägt ausgerechnet den Namen Manfred und wurde als Antwort auf Goethes Faust 1 von ihm geschrieben...da mußte ich schon wieder lachen.

3. Kapitel :
Meine erste Mala und meine ersten Mantren

Meine Mala bekam ich von Fei, überbracht durch Hawi, der sie mir gar nicht umlegen wollte.

Was die beiden verband war Freundschaft, sagte Hawi.
Beides waren Freimaurer, die allerdings unterschiedlichen Logen angehörten. Mit Abstand betrachtet habe ich heute fast das Gefühl, die beiden haben mich absichtlich ausgebildet.

Hawi war der Engel (als seine Himmelsseele ging, wurde er u.a. von einer weißen Stute abgeholt und er hatte 6 Flügel, d.h. er gehörte zu den Seraphin (Gottesberatern), naja und Fei hat halt die Schattenseite übernommen...aber sowas von..."Dirty-Harry-like"- keine weiteren Details.

Uns drei verband Goethes Faust und jeder hatte so seine eigene Schlüsselstelle daraus, die aber sehr aussagekräftig bezüglich des Charakters war.

Hawi hatte: „Wer immer strebend sich bemüht, den können wir erlösen..."
Fei hatte: „Von Zeit zu Zeit seh´ ich den Alten gern..."
Ich hatte: „Zwei Seelen wohnen ach in meiner Brust...."

Zusatz zu Hawi: Super, sein gewählter Ausspruch macht wirklich Hoffnung und dann kommt Aristoteles und sagt, alles Streben sei eitel und sinnlos...

Und was noch viel schlimmer ist, beides ist wahr, obwohl gegensätzlich.

Danach war ich erst mal wieder sehr nachdenklich, stand im Nebel der Logik und habe als Lösung dieses Problems ‚TAO sei Dank, das Tetralemma[9] (Nagarjuna) kennengelernt.

Ich nahm auf jeden Fall die Mala in Empfang und überhaupt hatte ich sehr großes Interesse am Buddhismus und auch am Daoismus, legte sie dann aber an einen sicheren Ort. In eine Art Vitrine. Fei ist fast ausgeflippt und meinte, ich müßte sie unbedingt auf der Haut tragen. Gut, ich war verdutzt, tat es dann aber...und dann ging die innere Reise los...

Ich bekam mein erstes Mantra. „Om Mani Padme Hum"...Puh, das war so zäh... und dann das Ganze 108 mal und wieder zurück. Dann kam „Om Tare tuttare ture soha" (30.03.2008) ... das ging schon besser und dann ging bei mir die Post ab.

Eine Woche hat´s gedauert und meine kompletten Chakren waren geöffnet. Man gut, daß ich mit beiden Beinen auf dem Boden war. Energetisch war das doch sehr beeindruckend.

Mal fühlte es sich an, als ginge jemand in mir spazieren...die Öffnung des Herzchakras war eher unangenehm, als würde jemand zwischen Solarplexus und Herz mit dem Finger rumbohren.

Bei der Öffnung des dritten Chakras mußte ich sogar auf die Knie gehen, damit mich die Energie nicht umhaut usw.

Meine Seele konnte nun meinen Körper verlassen, ich merkte, wenn Fei an mich dachte, ich konnte ihn fühlen, obwohl er nicht hier war, manchmal besuchte seine Seele meinen Körper.

Ich seh´ mich noch hier in Feli´s Kinderzimmer am Fenster stehen. Als sie mit 3 Jahren in den Kindergarten ging, hatte ich vormittags für mich wieder etwas mehr Zeit. So begann ich mit Yogaübungen, die ich mir selbst beibrachte...z.B. den Sonnengruß usw.

Manchmal blickte ich dann Richtung Bremen und merkte dann, wenn Fei an mich dachte...da fiel mir Kai wieder ein...War ich jetzt also genau so weit...er war ja immerhin auch 10 Jahre älter als ich...tja...so kann´s gehen...

Und ich machte Bekanntschaft mit Tantra...auch dort gibt es verschiedene Bereiche...natürlich auch die Verschmelzung von männlich und weiblich,...was ich jetzt nicht näher erläutern werde. Das ist echt privat...gehört aber mit zu meinem Weg. Wahrscheinlich könnte ich ansonsten meine Tätigkeit als Medium auch nicht ausführen.

Ich hatte bereits ein Erlebnis, daß sich „Innere Hochzeit" nennt.
Das ist, wenn Animus und Anima verschmelzen...

Auf jeden Fall muß eines auf diesem Weg immer vorhanden sein. Die Liebe im Herzen.

Jetzt nur noch kurz zum Thema Mala.

Ich träumte letzt` von dem „Bösen". Es hatte ein Gesicht, daß ich nicht näher beschreiben möchte, da ich Ästhet bin und glotzte mich aus einer „Glotze" an.

Ich hielt die Mala, die ich von Fei ebenfalls einst bekam und die ich bei meiner Medizinbuddha – Einweihung mit hatte, in beiden Händen, hielt sie in aller Ruhe und löste dieses ganze üble Ding in Licht auf und war dabei innerlich völlig ruhig und angstfrei, so daß ich nach dem Aufwachen doch sehr erstaunt war, über mich selbst.

Gut, aber „Nomen est omen", wie es so schön heißt und danach bin ich ja schließlich die „tapfere Eibe".

4. Kapitel :
Wie bewegen sich Seelen, wenn sie ins Licht gehen ?

Die letzten 2 Wochen verbrachte ich mit der energetischen Reinigung von 2 Kindergärten, in Süddeutschland.

Anfangs ging ich hier in der Nachbarschaft und auch in der näheren Umgebung immer direkt in die Häuser (hier sind noch viele Altlasten aus dem „Dritten Reich". Die Häuser hier im Viertel wurden in den 30iger Jahren gebaut, teilweise mit Bunker. Aus einem der Häuser, was ich reinigte, sind die Seelen geradezu „raus marschiert".)

Mittlerweile hat mich, wie es immer ist, die Not erfinderisch gemacht und es funktioniert jetzt sogar über´s Telefon, wenn am anderen Ende der Leitung jemand mit mir durch das Gebäude läuft.

Heute ist Halloween/Reformationstag und am Wochenende geben sich Allerseelen und Allerheiligen wieder die Klinke in die Hand, so hatte ich gestern volles Programm.

Der erste Kindergarten letzte Woche, in dem Elena, eine russische Freundin, wirkt, war eigentlich recht unproblematisch. Die Seelen drängelten sich auf dem Dachboden (kein Fenster) und im Keller (der Spalt der Tür war viel zu schmal).

Einschub:
Ich stelle gerade fest, daß es an dieser Stelle hilfreich für den Leser zum Verständnis ist, wenn ich folgendes erläuternd hinzufüge. Da meine Seele den Körper verlassen kann, weiß ich, die Seele geht über den Mund nach draußen und kehrt auch so wieder zurück...Wer sich schon mal Tempelanlagen angesehen hat, dem wird vielleicht aufgefallen sein, daß diese oft von Löwen oder anderen Dämonen bewacht werden. Die haben meist den Mund ganz weit geöffnet.

Ich sagte, sie sollen alle Türen öffnen und wie ich es schon kenne, spazierten hier, wo ich, wie immer, im Esszimmer, mit indischem Räucherstäbchen entzündet und Fenster auf Kipp stand, alle durch mich hindurch.

Im Buddhismus gibt es den sogenannten Dorje[10] als Ritualgegenstand. In der Mitte ist eine kleine Kugel, die Seiten links und rechts sehen identisch aus, nur symbolisiert die eine Seite Samsara und die andere Nirvana.

Zu Beginn meiner Meditationspraxis wanderte ich zwischen den Welten immer hin und her (zumindest hat es sich für mich so angefühlt, als wenn ich immer über eine Brücke latsche).

In der Meditation war ich ganz woanders und dann mußte ich mich wieder hier ins alltägliche „Jetzt" zurück bewegen.

*Wenn die Seelen durch mich durch –
ins Licht gehen- (immer vom Rücken
nach vorne) komme ich mir vor, wie
ein Tor.*

*...manchmal gibt es Ausnahmen, diese
Seelen gehen direkt durch mein
Herz...*

Also, war alles soweit O.K., nur kam später durch Zufall raus, daß die Turnhalle, aus welchem Grund auch immer, die Türen verschlossen hatte, so mußten wir an einem anderen Tag dort weitermachen.

Man gut, daß mich beim Wegschicken im Esszimmer niemand beobachtet hat. Bevor die Seelen von dort aus gingen, durfte ich Frühsport veranstalten.

Erst mußte ich meinen Oberkörper drehen und dabei die Arme immer hin und her schleudern, dann mußte ich meine Hüfte drehen.

Auf die Zehenspitzen rauf und wieder runter...es ging weiter mit Kniebeugen, dann Beine grätschen und mit den Händen den Boden berühren.

Dann mußte ich den Rumpf so weit nach hinten biegen, daß ich schon dachte, jetzt müßte ich auch noch nach rückwärts eine Brücke machen, und das mir, ich mochte Turnen noch nie besonders. Gott sei Dank waren es alles Übungen für das gesetzte Alter, bevor es ein Kindergarten war, war es ja auch ein Altenheim und deswegen die Reinigung so nötig. So blieb mir Spagat erspart.

Elena mochte nicht in die Mitte des Raumes gehen, sie guckte an die Decke und sah so etwas wie Haken. Damit kam die Impression von Menschen, die gehängt wurden, was den Anlaß für die Reinigung des zweiten Kindergartens, der quasi schräg gegenübergelegen ist, gab.

Mit Elena zusammen war auch eine interessierte Putzfrau mit dabei, die des Pendels mächtig ist (ich arbeite oft mit einem Tensor/ Einhandrute) und wir kamen immer auf die gleichen Ergebnisse.

Sie erzählte, sie würde drüben auch saubermachen und hätte sich dort immer nicht besonders wohl gefühlt, denn sie selbst wäre in dem Haus/bzw. an dem Ort, erhängt worden. Ich bekam wieder Gänsepelle und wußte so, daß die Aussage wahr war .
(Die Gänsepelle bekomme ich immer, wenn etwas ausgesprochen wird, was mit der Akasha-Chronik[11] in Resonanz steht).

So kam es also gestern zu dem Termin und das war nicht witzig.

Zunächst gingen wir in den Raum, wo sie erhängt wurde. Das war richtig übel.

Ich stand mit gesenktem Haupt, die Arme schlaff nach unten hängend...es dauerte, ich atmete kaum noch, mein Hals schnürte sich zu, die Energie staute sich im Kopf...und etwas später konnte diese Seele gehen. Ihr folgten weitere 4 gehängte Leidensgenossen. Sie waren zu Unrecht verurteilt worden. Sie gingen dann, einer nach dem anderen, in Frieden.

Dann gingen wir in das Hauptgebäude. Erst auf den Dachboden und wir mußten mit verschiedenen Telefonen, mal Festnetz, mal Handy, immer wieder rumtricksen, da die bestehenden Energien mächtige Störungen hervorriefen.

Auf dem Dachboden konnten gleich vier Fenster geöffnet werden und dieser Durchzug hat den „Gang der Heerscharen" irre beschleunigt.

Sie gingen erst gemächlich, dann in Eile, etwas später im Sekundentakt, ich mußte mir dann bei jeder Vorwärtsbewegung auf die Oberschenkel klopfen, machte dann schon eine Bewegung, als würden die Seelen im Galopp davon reiten und es gab´noch eine Steigerung, mein Klopfen hörte sich zum Schluss an, als würde eine Dampflok immer mehr beschleunigen und dann auf Höchstgeschwindigkeit davonrasen. Ich konnte diese vielen Seelen nicht mehr zählen.

Nun konnten wir weiter nach unten. Ein Raum war O.K., der nächste brachte mir eine innerliche Eiseskälte, als wären sie dort erfroren. Dieses Gebäude war sowohl mal Altenheim, als auch Krankenhaus gewesen.

Später waren wir in einem Raum, wo das Fenster nicht geöffnet werden konnte, da dort die kleinen Kinder essen und diese Fenster mit einer Kindersicherung versehen waren.

Das war witzig, denn ich stand hier vor meinem Fenster und merkte, wie sich die Seelen schon hinter mir drängelten und dann mußte ich mich samt der Seelen umdrehen, tatsächlich durch meinen Flur gehen und hier die Haustür öffnen, und gleichzeitig mußten auch Elena und Annemarie dort eine Tür öffnen, ich stand dann also hier im Türrahmen und ließ sie in Ruhe, einen nach dem anderen, nach draußen spazieren.

Darauf war wieder ein Raum in Ordnung, der nächste war wieder nicht O.K. und lag genau unter dem Raum, in dem ich so fror. Komischer weise hing in dem ersten Raum ein Bild von einem Fisch und dort war auch ein Aquarium (Ruheraum) und in dem zweiten Raum war der gleiche Fisch, sogar am selben Platz angebracht. „Im Wasser ist es ja auch recht kalt", sagte Elena.

Aus der christlichen Symbolik weiß ich, daß der Fisch immer für Geist steht. Ich will das jetzt mal grad´genau wissen, habe so ein Taschenlexikon christliche Symbole.
So, Zitat (Seite 46) :
„ **Fisch**
In der frühen Kirche findet sich das Fischsymbol besonders häufig. Auch heute wieder gilt der Fisch z.B. als Aufkleber an Autos, als Zeichen der Zugehörigkeit zu einer christlichen Kirche. Das Symbol wurde wohl deshalb gewählt, weil der Getaufte im Netz der Kirche aufgefangen war. Das Auswerfen des Netzes wird von Jesus selbst als Symbol für die Gewinnung von Menschen für den Glauben gesehen. Im Matthäusevangelium beruft Jesus die Brüderpaare Petrus und Andreas, Jakobus und Johannes: „Kommt her, folgt mir nach ! Ich werde Euch zu Menschenfischern machen. (Mt 4,19). Erst im 17. Jahrhundert begann man, die griechischen Buchstaben des Wortes Fisch auf Jesus zu deuten:

Die Anfangsbuchstaben des griechischen Wortes „Ichthys" werden so gedeutet:
I = Jesus
X= Christus
Theou =Gottes
Yios = Sohn
Soter = Erlöser

(Dazu möchte ich kurz jetzt noch einfügen, da wir gerade so christlich sind, daß sich für heute der katholische Pfarrer der Gemeinde bereit erklärt hat, in Begleitung von Elena, die beiden gereinigten Gebäude zu segnen).

Dann, beim Heruntergehen, fiel ihr noch etwas auf, was in Verbindung zu den Erhängten sehr grotesk wirkte. Die Fotos der Kinder waren auf Fischschablonen aus Pappe geklebt, hingen mit Wäscheklammern befestigt auf der Leine, einer nach dem anderen, aufgereiht im Flur. Gruselig.

Doch es kam noch dicker. Wir kamen in das sogenannte Büro. Ich stand hier vorm Fenster, wieder mit gesenktem Kopf, Annemarie, die Putzfrau sagte, es sei der Raum neben der „Grabkammer".

Ich fühlte mich scheußlich, eine Mischung zwischen schämen, als wenn einer mit mir schimpft, man sagt ja auch „Schimpf und Schande" , mir wurd´ schlecht...ich mußte auf die Knie gehen, fühlte mich wie verprügelt, immer wieder wurde die Telefonleitung durch Störung unterbrochen, ich mußte mich fast übergeben und lag wie auf den Boden geschlagen viele Minuten, meine Hände und die Stirn berührten den Boden.

Mein ganzes Repertoire an Mantren schoß mir durch den Kopf,
wieder kam mir der Tee, den ich vorher getrunken hatte, hoch.
Elena fand in dem Raum Klangschalen, ausgerechnet mit einem Buddha drauf und hatte den Impuls sie anzuschlagen.

Wieder die Verbindung weg, es klingelt, ich geh´wieder ran´ und ich hatte den Ton, den sie angeschlagen hatte auch ohne Telefon gehört.

Meine Hände begannen zu schmerzen. War das jetzt mein Schmerz, d.h., der Schmerz der Seelen, oder war es der Schmerz von Gaia[12], ich konnte es nicht mehr unterscheiden...bong...Elena schlug wieder eine Klangschale an, mir war wieder übel, sie sagte, sie hätte mein Foto in die Schale gelegt.

Und dann, nach einer gefühlten Ewigkeit fragten beide mich, ob in dem Raum, ich verstand zunächst „BE-urteilungen" stattgefunden hatten und in dem Moment wußte ich, es waren nicht BE, sondern VER-urteilungen.

In diesem Raum wurden die Unschuldigen zum Tod durch den Strang verurteilt. Das war bis jetzt so ziemlich das mieseste an Gefühlen, was ich als Medium durchlebt habe.

5. Kapitel :
Selbst erlebte Arten der Reinkarnation

Fei ist 2013 nochmal in mein Leben getreten. Ich hatte Manni zunächst vorher „gereinigt" und Fei rausgeworfen. Mit Hilfe von Lars war das, da wir in der Zeit energetisch eh viel zusammengearbeitet haben.
Ich wollte, daß Manni wieder „frei" ist und nicht nur hier auftaucht, wie ferngesteuert, weil Fei mit „draufsitzt".

Fei hatte mich ja damals zum Heilemachen auch zu Manni geschickt. Komischerweise („Zu-fall) waren beide gleich groß, richtige Hünen und hatten sogar die gleiche Schuhgröße (47), hat ja auch nicht jeder. Würde mich nicht wundern, wenn Fei sich das so ausgedacht hatte. Ich hab´den echt erneut „rausgeschmissen".
Der Sohn von Manni hat sogar am gleichen Tag wie Fei Geburtstag....
Bei meiner Feli sind die vorderen Zahlen nur vertauscht...

Ich hatte dann nochmal einen Klienten zum „Heilemachen". Es dauerte nicht lange und ich war mir sehr sicher, daß Fei wieder im Spiel war. Er kam mich dann auch in diesem anderen Körper hier besuchen, holte tatsächlich einige buddhistische Reliquien ab (ich pendelte sie aus und es waren tatsächlich seine Sachen) und verschwand wieder aus meinem Leben. Er muß jetzt das, was er in seinem letzten Leben nicht zu Ende geführt hat, korrekt zu Ende bringen. Wir haben keinerlei Verbindung mehr. Erneut habe ich ihn rausgeworfen… also 3-mal.

Aber, der bis jetzt größte Knaller ist mir im Jahre 2015 passiert. Jetzt komme ich zum bisher schönsten Gefühl. Ich dachte die ganze Zeit, ich wäre in den Wechseljahren, alles deutete darauf hin. Mein Alter (45), Gewichtszunahme, Hitzewallungen, Stimmungsschwankungen …und auch die homöopathische Behandlung ließ keinen Zweifel offen und dann kam im Januar der Neumond.

Ich lag, wie immer, unten auf meinem Lager und hatte auf einmal die Gewißheit, daß es weder Verdauungsprobleme sind, noch die Untätigkeit der Drüsen.
Da wollte etwas „schlüpfen". Gleich in der Woche habe ich mir einen Termin beim Frauenarzt geben lassen. Der sagte: „Herzlichen Glückwunsch, Sie sind in der 36.ten Woche +1. Entbindungstermin ist der 19.02.2015.

Ich hatte genau noch 3 Wochen Zeit, mich auf die Geburt, sowie innerlich, als auch äußerlich, vorzubereiten.
Ich will jetzt nicht nochmal alle Einzelheiten erzählen, weil ich das in den letzten Wochen schon so oft mußte.
Dazu nur eine kleine Geschichte...ich war dabei, das Altenpflegezimmer in ein Babywickelzimmer zu verwandeln, als Feli mich fragte: „Mama, was ist das da?"...tatsächlich, am Vorhang hing ein Falter, dachte ich...aber das war kein Falter...es war ein Schmetterling ...lebend...im Februar (eher ungewöhnlich)...wir ließen ihn nach draußen fliegen.

Aber der Schmetterling ist ja wohl schlechthin das Zeichen für Transformation...

Ich kann nur eines sagen, Hawi ist wieder da.

Er ist jetzt zwar als Mädchen angetreten, doch kurz vor der Geburt habe ich Rotz und Wasser geheult, vor Freude, als die Himmelsseele dazu kam, denn da fühlte ich, es ist Hawi, niemand sonst.
Witziger weise sagen Fremde immer wieder: „Ist der niedlich"...sogar wenn Mavis einen rosa Pulli und ein Jeanskleid an hat...

Nachdem Mavis Jigme geboren und ich wieder zu Hause war, habe ich zweimal von Hawi geträumt.
Beim ersten Mal hat er mir versichert, er würde sich in dem neuen Körper sehr wohl fühlen, beim zweiten Mal sprach er sogar mit Hawis Stimme.

Vor der Geburt habe ich auch von Hawi geträumt. Als ich wußte, ich bekomme ein Kind.

Davor habe ich eigentlich gar nicht von ihm geträumt, dabei war ich wahnsinnig traurig nach seinem „Gehen" und konnte bis zur Geburt von Mavis sein Zimmer nicht auf-bzw. umräumen.

Jetzt,... jetzt will ich nur noch in Ruhe und Frieden leben.

 Ansonsten bereite ich mich darauf vor, Samsara komplett zu verlassen.

Begleite meine Töchter und alle lieben Weggefährten, so lange sie mich brauchen, auf alles weitere bin ich schon gespannt. Auf jeden Fall liebe ich mein Leben und meine Arbeit. Ich liebe es, Seelen ins Licht zu schicken und wenn ich einem Menschen helfen konnte und die Augen (Fenster zur Seele) wieder strahlen...das ist jedes Mal, als hätte ich ein Licht wieder angezündet.

Überhaupt besteht eine gewisse Ähnlichkeit zwischen der Reinigung eines Körpers (Haus der Seele) und der energetischen Reinigung von Gebäuden.
Beides erfüllt mich mit tiefster Zufriedenheit und trägt zu einem besseren, friedlichen Miteinander bei.

Als Letztes habe ich jetzt „Der fünfte Berg" von P. Coelho gelesen.
Ich fühle mich ein bisschen wie Elia und all die anderen, die dann irgendwann ´gen Himmel gefahren sind.
Nur möchte ich meinen Abschied mit einem „Regenbogen malen" und das mache ich auch.

6. Kapitel :
Regenbogen innen und außen.

Hier folgen einfach mal 3 Fotos, die in kurzer Folge aufeinander
in mein Leben traten.

Das erste entstand als Geschenk für meine Mutter zum 68.ten Geburtstag, im Sommer 2016....
...ich nannte das Bild „Regenbogensprünge" und es ist in Zusammenarbeit mit Kai entstanden.... Resultat meiner Beschäftigung mit Wabi-Sabi[13] (...nichts ist perfekt, nichts ist fertig, nichts bleibt)...für meine Ma habe ich die Regenbogensprünge mit einem goldfarbenen Stift geschrieben und das Bild in einen goldenen Rahmen gelegt.

(Foto: Keramikschüssel, Oberfläche gesprungen, Lichteffekt als Regenbogen am Computer bearbeitet/coloriert von Yvonne Bader)

Wenige Tage später schickt mir eine Bekannte ein Foto, was von Mavis und mir auf dem Stadtfest gemacht wurde...von Andreas Nistler, wie ich heute weiß. Es war im dk-online (Delmenhorster Kreisblatt) ...man achte auf die Farben der Tragetücher...und die Ausstrahlung...

...ja und dann gibt es drei Tage später per E-mail neue Nachrichten aus meinem Khordong Kloster, mit einem Bild von Padmasambhava... natürlich...kaum zu glauben... mit Regenbogen...(Leider wollte mir der Künstler keine Erlaubnis zur Veröffentlichung geben, so habe ich meinen Regenbogen-Padmasambhava selbst gemalt.)

Nachtrag: Gestern war Silvester. Ich saß mit Mavis auf dem Sofa. Als Titelsong war auf Platz 1 „Somewhere over the rainbow" . Ich mußte wieder lächeln, daß 2016 so beendet wird, bzw. 2017 so beginnt.

Das hatte mir nun zweifach die Sprache verschlagen...

Erstens... ja, gut, ich hatte zugegebenermaßen wieder viel meditiert, hatte auch mit der „Klausur auf dem Berge" von Dudjom Rinpoche weitergemacht, zwischendurch auch mit russischer Informationsmedizin und mich zu guter Letzt auch noch mit Grigori Grabovoi synchronisiert.
Gut, wie innen, so außen...das hatte ich jetzt offensichtlich erreicht.

Zweitens ... wurde ich in den letzten Tagen erneut darauf aufmerksam gemacht, daß man von dem „Außen" nicht unbedingt auf das „Innen" schließen kann. Um es zu präzisieren. Etwas, was auf den ersten Blick schön aussieht, muß inhaltlich nicht zwingend dem selbigen entsprechen.

D.h. es ist nicht unbedingt auch energetisch positiv.

Nachtrag:

Mit 44 Jahren hatte ich mir von einem buddhistischen „Bruder" ein Tattoo stechen lassen. Das tibetische A, was als Symbol für Dzogchen steht, ausgefüllt mit Regenbogenfarben.
Die 44 ist numerologisch übrigens eine Meisterzahl. Rechnet man mein Geburtsdatum als Quersumme, ergibt das wieder 44. Nur so...alles Zufall...nee, tut mir leid...das glaube ich nicht mehr...und wenn sich solche Dinge häufen, dann weiß man, man ist im „flow"...Das beschreibt aber eigentlich auch der Daoismus mit „Wu Wei" sehr gut.
Wem das zu „hoch" ist, der greife einfach zu den „Prophezeihungen von Celestine"/ J.Redfield. (Witziger weise ist der Autor auch Sozialwissenschaftler. Ich habe 10 Jahre in Oldenburg Sozialwissenschaften studiert.)
Man muß die Zeichen nur erkennen und verstehen. (Mein Manuskript bestand exakt aus 44 Seiten, mit Cover)

7. Kapitel :
Oh nein, ich glaube meine Oma war eine Hexe.....

Das ist jetzt wenige Tage her und alles hat sich blöde überschnitten...
Am 18.08.2016 ist meine Oma väterlicherseits 90 geworden.
Sie war dement und deswegen im Altersheim...ging nicht anders, ich konnte und wollte sie nicht pflegen...
Das Thema hatte ich schon durch...Hawi hatte ich mit Alzheimer 4 Jahre zu Hause gepflegt...ich weiß gar nicht, wie ich das alles geschafft habe.

Und jetzt alleinerziehend mit zwei Töchtern...schönen Dank auch...das wollte ich uns und mir nicht geben...
Meine Oma war vom Sternzeichen Löwe und ohnehin sehr herrischer Natur....
Ein Beispiel aus Kindertagen.
„Yvonne, möchtest Du noch ein Stück Kuchen"! Weder „Nein"! ,
noch Kopfschütteln half...schwupp, schon hatte ich den Kuchen auf dem Teller.

Ich schwor mir, nie so werden zu wollen. Sie hat einfach nicht zugehört...vielleicht war sie deswegen nachher auch trotz Hörgerät taub ???

Wer weiß das schon, egal...exakt einen Monat später, also am 18.09.2016 klingelt hier Sonntagmittag das Telefon. „Ja bitte ?" , melde ich mich wie immer...
"Ja, hier ist die Seniorenresidenz Huntetal, spreche ich mit..." und da wußte ich schon, was los war...
Ja, Oma war zwischen 11:30 h und 12:30 h gegangen...Gut...ich habe meine Eltern informiert.

Als erstes erreichte ich meine Ma, die mir dann noch mitteilte, daß ja heute der Geburtstag meiner Ur-Oma gewesen wäre.

Gut, so dachte ich, daß meine Oma ja doch noch „die Kurve gekriegt hätte".

Feli, Mavis und ich gingen nachmittags hier noch in die Katholische Kirche und wollten eine Kerze anzünden.

Ich war etwas stutzig. An dem normalen Platz gab es keine Kerzen mehr...naja, dachte ich, ist ja Sonntag.

Aber bei Maria konnte man auch eine Kerze anzünden, also gingen wir nach vorne. Ich dachte gut, für Oma eher die mütterliche Energie, vielleicht hatte meine Ur-Oma sie ja abgeholt, ich dachte, so hat sie dann doch noch ihren Frieden gefunden.

Eigentlich sollten sie mir vom Altenheim Bescheid sagen. Ich wollte gerne noch meine Arbeit leisten, bevor sie geht. Sie war ja immerhin meine „Paten-Oma".

Außerdem habe ich aus dieser Familie wohl meine Gaben mitbekommen. Mein Urgroßvater war Schäfer.

Ja und dann kam der Abend....
Mit Mavis bin ich wieder zeitig schlafen gegangen, war jedoch unruhig und gegen 23:00 h war es dann so weit. Ich bekam Besuch...

Meine Oma, doch sie war nicht allein, sondern brachte noch gleich 110 zornige Seelen aus dem Altenheim mit...ich fühlte sie im Kopf trampeln, im Herzen wüten und von einer liebevollen Oma war keine Spur.

Sie fielen ein, wie die Hunnen...

Energetisch hatte ich Impressionen von Rumpelstilzchen...ich diskutierte mit ihr, sprach meine Mantren, um sie zu befrieden, eine halbe Stunde später stand ich auf, ging nach unten ins Esszimmer, an meinen altbekannten Platz, zündete ein Räucherstäbchen an und schickte sie allesamt ins Licht...mein Kater Merlin lag selig schlummernd auf dem alten Lieblingssessel, als wenn gar nichts los wäre.
Danach blieb Trauer und eine neue Erfahrung.

Wenn ein Mensch Zeit seines Lebens unversöhnlich war, löst sich diese Energie durch Demenz nicht auf.

Die Energie bleibt und wenn das, was mich da besucht hat, jemandem widerfährt, der von nix ´ne Ahnung hat und damit nicht umgehen kann, der kann durch so einen Besuch locker einen Schlaganfall oder einen Herzinfarkt bekommen.

Das fand ich schon sehr beeindruckend und gleichzeitig beunruhigend.
Und ich konnte meine Oma nicht mehr rausfühlen. Da war nix Liebes, nix.

Meine Oma mütterlicherseits hatte mich 3 Tage nach ihrem Gehen 2013 ja auch besucht, aber das war von der Qualität ganz anders...sie kam mit der Post und der Einladung zur Trauerfeier...logisch...sie wußte ja auch nicht, wo ich wohne.

Ganz süß und lieb´.
Dann begann mein Bauch zu rumoren, so wie es bei ihr immer war, wenn sie z.B. wegen erwartetem Besuch nervös war...

...etwas später mußte ich die Arme, wie zum Köpper nach oben strecken (meine Oma war eine begeisterte Schwimmerin),
dann sprang sie in „den Fluss" und mein Opa, der ja schon verstorben war, holte sie an der anderen Seite raus. Ich sah, wie er ihr die Hand entgegenstreckte...

Dann sah ich die zwei nochmal gemeinsam, wie auf dem Foto, was ich vor vielen Jahren von ihnen in der Laube am Barkenhoff in Worpswede gemacht hatte und dann waren sie weg...aber alles war gut.

8. Kapitel : Träume

…vor zwei Tagen klingelt hier das Telefon und mein lieber Wegbegleiter Maxim ist am Telefon. „Du, ich hatte Dir doch von der Arbeit sowieso usw. erzählt, vorletzte Nacht habe ich geträumt, ich bin schon dort. Seitdem bin ich ganz unruhig, was meinst Du denn dazu …??? Soll ich nochmal Kontakt aufnehmen ???…"

…ich möchte das jetzt nochmal thematisch mit in meine Notizen einbeziehen…gerade Träume sind bei meiner Arbeit zunehmend immer mehr von Bedeutung.

Das habe ich aber wohl von meiner Oma mütterlicherseits geerbt (Sie sagte immer, mein Opa würde sie rufen und fragen, wann sie endlich kommt).

Vor allen Dingen, je mehr sich das Bewußtsein mit dem All-einen verbindet, scheint es so zu sein, daß Träume für mich die Möglichkeit bieten, Visionen in die Realität zu transformieren bzw. können andere Seelen auf dieser Ebene mit mir kommunizieren oder ich bekomme wichtige Informationen.

Alle diese Fälle waren z.B. im Jahr 2016 .

Als erstes träumte ich von Elena. Ich sah während des Traums sogar einen Zettel, auf dem ich fein säuberlich ihren Namen und ihre Telefonnummer lesen konnte. Am nächsten Morgen wurde ich wach und rief schon um 8:00 h bei Elena an.

Sie war ganz aus dem Häuschen, völlig verblüfft und freudig überrascht. Tatsächlich wollte sie schon seit Tagen mit mir sprechen und brauchte meine Hilfe.

Als nächstes träumte ich von einer sehr guten Bekannten, die **Zu**-fällig am gleichen Tag, gleiches Jahr, Geburtstag hat, wie ich. Wir treffen uns in einem Supermarkt, hier in der Stadt und ich halte, während des gesamten Einkaufs, ihre Hände, um ihr Schmerzen zu nehmen.
(Wir hatten Monate nichts voneinander gehört, genauso war es auch mit Elena)

Am nächsten Morgen schreibe ich Ihr eine SMS, ob alles O.K. bei ihr ist...

Tatsächlich hatte sie in den letzten Tagen viel an mich gedacht.
Sie war sehr traurig, weil eine ihrer zwei Hündinnen eingeschläfert werden mußte. Also ist bei mir wohl der Seelenschmerz angekommen.

Das waren Träume, wo ich recht schnell das reale feedback bekam.

Beim nächsten Mal kam ein Mensch auf mich zu, den ich noch aus Kindertagen kenne. Er war immer sehr sportlich und aus Erzählung weiß ich, er hat schon seit einigen Jahren Parkinson.

Nun kam er direkt auf mich zu, mit der Bitte ihm zu helfen. Er hatte schon einen Katheder und sah ganz anders aus, als ich ihn kannte, viel kleiner...

Ich sprach ein paar Tage später mit meiner Mutter und fragte, was denn da los sei und erfuhr, er war wirklich in Not, denn seine Frau, die sich sonst um ihn kümmerte, war selbst operiert worden und so mußte er in die Kurzzeitpflege, was ihn offensichtlich sehr aus der Bahn warf.

Ich habe wenig später Fernheilung gemacht, mit zumindest telepathisch gefühltem guten Erfolg.

Genaueres werde ich vielleicht noch erfahren.

9. Kapitel :
Hellfühligkeit, was bedeutet das eigentlich...

Wie es nun genau kam und wann ich diese Gabe das erste Mal richtig realisiert habe, kann ich gar nicht mehr datieren.
Sehr sensibel war ich aber schon immer.
So war ich eigentlich von Kindheit an schon immer der „Kummerkasten" für andere und oft kam es mir selbst so vor, als hätte ich irgendwann sowas wie „Robin Hood" verschluckt.

Meine Geschichte verlief natürlich auch mit Höhen und Tiefen, vielleicht intensiver, als bei manch anderem. Manchen war auch unangenehm, wie „tief" ich gucken kann, wenn ich ihnen in die Augen sah.

Auf jeden Fall stellte ich fest, daß ich, wenn ich die Hände eines anderen Menschen in die meinen nahm , 1 zu 1 fühlen konnte, was derjenige fühlt.

Und nicht nur das, irgendwann stellte ich fest, daß ich zeitlich im Körper des Betreffenden rückwärts gehen kann. Dabei bin ich immer wieder auf Blockaden gestoßen, die ich aufgelöst habe.
Teilweise ging es mit Mantren und energetischen Symbolen, teilweise über das Gespräch.

Jetzt, nach jahrelangen Erfahrungen, steht für mich fest, daß nicht nur das Gehirn, sondern der gesamte Körper Ereignisse abspeichert.
Blockaden werden vor allem durch traumatische Erlebnisse ausgelöst. Da hat mir oft die Kenntnis der „Neuen Germanischen Medizin" nach Dr. Hamer gute Hinweise geliefert.

Je mehr Blockaden der Körper aufweist, desto mehr ist der Fluss von Chi beeinträchtigt.
Wer sich mit chinesischer Medizin schon etwas beschäftigt hat, wird verstehen, wenn ich sage, daß ich die Meridiane fühlen kann. Und nicht nur das. Ich kann auf ihnen reisen, wie auf Straßen.

Als nächstes ist mir folgendes aufgefallen. An den Stellen, wo Chi nicht fließt, reagiert der Körper mit Schmerz.
Die Ursache ist aber nicht immer unbedingt an der schmerzenden Stelle zu finden.

Wenn z.B. jemand Probleme mit dem Knie hat, kann es durchaus sein, daß das Fußchakra dicht ist und von dort, bis über die Wade/Schienbein bis zum Knie, Chi nicht mehr fließt.
Das Kniegelenk selbst ist energetisch gefühlt sehr komplex.

Um den Schmerz zu nehmen, mußte ICH
(ICH schreibe ich hier in dieser Form, um klar hervorzuheben, daß nicht ich das mache, sondern mein Höheres Selbst....ich nenne das Unnennbare TAO) also die Blockaden lösen, das war mir schnell klar.

Außerdem habe ich festgestellt, daß der Mensch nur krank wird, wenn er sich nicht in seiner seelischen Mitte befindet.

Hat er erst mal seine Mitte verloren, kommt er unweigerlich immer mehr in „Schieflage".

Als Bild dazu hatte ich in meiner Vorstellung immer eine Art Mobile vor Augen.

Also mußte ICH, um Gesundheit wieder zu ermöglichen, ihn wieder in die Mitte bringen. Damit beginne ich heute generell meine Arbeit.

Dann stelle ich den Fluss wieder her.....d.h. Ich reinige und öffne die Chakren.....

Mittlerweile muß ich die Hände nicht mehr in meine Hände nehmen, es geht so, ohne körperlichen Kontakt.

Ich kann mein Gegenüber quasi energetisch in den Arm nehmen, ohne ihn zu berühren.
Dazu muß ich nur meine Hände heben und auf ihn ausrichten und die Arbeit beginnt direkt....

Heute ist mir sogar egal, ob mir derjenige direkt gegenüber sitzt, am anderen Ende der Telefonleitung ist oder sich am anderen Ende der Welt aufhält.

Ich kann mit meinem Bewußtsein in den Körpern anderer Menschen reisen und auf diesem Weg Verspannungen und Blockaden lösen.

Manchmal war ich schon sehr erstaunt, was die eigentliche Ursache einer Krankheit sein kann.

So war mal eine Bekannte bei mir, die Probleme mit dem Karpaltunnel hatte und zu guter Letzt mußte ich eine Blockade im Herzen lösen, danach war alles gut.

Oder ich hatte hier jemanden mit Rheuma.

Am Ende war der größte Schmerz in den Händen und es kam raus, daß es sich um einen Berufskraftfahrer handelte.

Ich nehme an, daß die dauerhafte Vibration des Lenkrades sich auf den ganzen Organismus übertragen hat und dann zu dieser Dauerverspannung und somit zu Dauerschmerz führte.

Ähnliches Bild, sehr unangenehm, ergibt sich durch eine Strahlenbehandlung bei Krebs.

Diese Schutzmaßnahmen durch Masken sind ja toll, nur wenig wirksam. Wenn eine Stelle im Körper beschossen wird, überträgt sich diese Schwingung auf alle Zellen im Körper. Es fühlt sich an, als säße man in einer Mikrowelle.

Wenn man versteht, daß durch Klangmassage die Zellen des Körpers dazu angetriggert werden sollen, wieder in eine harmonische Eigenschwingung zu kommen, müßte man diesen Zusammenhang eigentlich erkennen können.

Überhaupt, wenn man sich vor Augen führt, aus wie viel Wasser wir bestehen und man sich vielleicht schonmal mit Masaru Emoto und Schwingungen beschäftigt hat, müßte diese Tatsache sogar wissenschaftlich überprüfbar sein.

Ich hatte mal einen Bekannten, der direkt am Flughafen arbeitete. Er war dadurch ständig Radarsystemen usw. ausgesetzt, was bei ihm letztendlich zu Herzproblemen führte. Diese hohen Schwingungen durch Elektrosmog setzen den Körper unter Dauerstress, führen so zu Verspannungen. Erst kommt es vielleicht zu bemerkbaren Rückenschmerzen und diese können sich dann auch als Herzprobleme äußern.

Aus den vorangegangen Zeilen ist bestimmt klar, daß sich Hellfühligkeit nicht unbedingt angenehm anfühlt...

Noch ein paar Impressionen...ich löste mal ein Schleudertrauma auf...das fühlte sich an, als würde die Seele Achterbahn fahren...ich brauchte ca. 1,5 Stunden, um alles aufzulösen. Mir war fast die ganze Zeit übel...

...ein Linkshänder, der mit Gewalt zum Rechtshänder erzogen wurde, fühlt übrigens seelisch ähnliches...

...nach der letzten MMR-Impfung meiner kleinen Tochter (1 Jahr) hatte ich nur Probleme ...Sie reagierte mit Neurodermitis und allergischem Ekzem, fing nachts plötzlich an zu schreien...
Ich ging, nachdem ich mit den mir bekannten Mitteln (aus z.B. Homöopathie, Schüssler-Salzen, Bachblüten, B12 Salbe, Johannisöl...) nicht weiter kam, in ihren Körper...

...gefühlt hatte diese Impfung bei ihr eine Art Schockstarre ausgelöst...es tat einfach alles weh...

...auch als sie den Rest von der Nabelschnur verloren hatte, war sie nur am weinen...das hörte nach der Gabe von Notfalltropfen sofort auf...also hatte sie das aus ihrer seelischen Mitte geworfen...ich denke, vielen kleinen sogenannten „Schrei-Kindern" könnte geholfen werden, wenn man diesen Zusammenhang berücksichtigt...

...und ich habe den Vater meiner älteren Tochter Feli (11) 4 Jahre zu Hause gepflegt und bis zu seinem Gehen am 22.12.2013 begleitet.

Er hatte Alzheimer...ursprünglich wurde das meiner Meinung nach durch die jahrelange Gabe von Cortison verursacht.
Er litt als Kind schon an Ekzemen und Asthma. Dazu könnte ich noch eine Menge an Erfahrungen schreiben, vielleicht später mal...

Er ist auf jeden Fall in Frieden gegangen, konnte bis zum Schluss frei bestimmen, ob und was er isst oder trinkt, war an Organen komplett und gehörte wohl zu den wenigen Menschen seines Jahrgangs (1942) , die keinerlei Tabletten zu sich nehmen mußten.

Für die Palliativ Station im Krankenhaus ging es ihm zu gut, so daß er nicht im Krankenhaus bleiben durfte und später noch in ein Altenheim verlegt wurde.

Ich konnte ihn wegen Dekubitus und der seelischen Belastung für Feli nicht länger zu Hause pflegen.
Außerdem war es so für ihn durch den notwendig entstehenden örtlichen und zeitlichen Abstand dann doch leichter zu gehen...
Ich besuchte ihn regelmäßig und betreute ihn bis zum Schluss weiter...energetisch und auch naturheilkundlich...

Er ging in Embrionalstellung, also war dieses Leben rund gelebt...er war zum Schluss, im Altenheim, in Zimmer Nr. 8, auch das passte...naja und wie gesagt, nun ist diese Seele aus freien Stücken wieder bei Feli und mir...

Das ist schön, aber auch wenig verwunderlich, denn Feli war mal seine Mama, später war er ihr Vater, nun ist er als ihre kleine Schwester wieder hier und er war mal mein Bruder...

Dafür und für all die Gaben, bin ich unendlich dankbar, denn es gibt nichts Schöneres, als den Menschen helfen zu können, die man von Herzen liebt...

Langlebensgebet für Tulku Ugen

CHE WAI CHEM CHOG DORJE DRO WO LOD
Dorje Drolo, du größte aller Überraschungen .

WANG DRAG BAR WAE LHA SRIN WANG DU DUD
Mit Deiner starken, hell strahlenden Energie bringst Du alle Götter und Dämonen unter Deine Kontrolle,

YESHE ROL PAE LOG DREN THAM CHED DROL
Deine Weisheit Energie befreit alle Wesen von falscher Sicht,

GYAL KUN TRIN LAE DZAD PAI DENTHU YI
beinhaltet die Energie der Taten aller Jinas.

URGYEN CHEM CHOG ZHAB PE TEN GUR CHIG
Tulku Ugen Chencho muß ein langes Leben haben.

1. **Padmasambhava** (dtsch.: Lotosgeborener) gilt als Begründer des Buddhismus in Tibet z.Zt. des Königs Thrisong Detsen in Tibet (8.bis 9. Jahrhundert).
2. **Dorje Drolo** ist eine der 8 Manifestationen Padmasambhavas.
3. Die **Nyingmapa – Tradition** ist die „Alte Schule" des tibetischen Buddhismus.
4. **Dzogchen**, „Die Große Vollkommenheit" bezeichnet Lehren, die traditionell in der Nyingma- Schule des tibetischen Buddhismus als Essenz der Lehren Buddhas übertragen werden.
5. Mit **Chakra** (dtsch. Rad) pl. Chakren werden im tantrisch-buddhistischen Vajrayana Energiezentren zwischen dem physischen Körper und dem feinstofflichen Energiekörper des Menschen bezeichnet. Diese sind durch Energiekanäle miteinander verbunden.
6. **Larimar** „Atlantis-Stein"...Heilstein der für Harmonie , Friede, Achtsamkeit usw. steht.
   Da er so viele positive Eigenschaften hat, wird er auch „Quell des Lebens" genannt.
   U.a. dient er auch als Schutzstein.
7. **Lemuria** bezeichnet einen vermutlich einst versunkenen Kontinent, Atlantis gleichend.
8. **Lama** bezeichnet einen spirituellen Lehrer des tibetischen Buddhismus.
   Der höchste ist der Dalai Lama.
9. **Tetralemma** bezeichnet eine logische Figur, bestehend aus vier Sätzen.
   Eine Aussage kann
   1. wahr sein (Ja)
   2. falsch sein (Nein)
   3. sowohl wahr, als auch falsch sein (beides)
   4. weder wahr, noch falsch sein (keins von beidem).

10 Der **Dorje** oder **Vajra** ist ein buddhistischer Ritualgegenstand. und wird in vielerlei Zusammenhängen zur tantrischen Lehre Buddhas gebraucht. Er wird auch als „wahre Wirklichkeit" oder „König der Steine" bezeichnet. Wie der Diamant ist diese Lehre demnach unzerstörbar.
11 **„Akasha-Chronik"** bezeichnet eine Art allumfassendes Weltgedächtnis, in dem alles gespeichert ist," was war, was ist oder je sein wird".
12 **Gaia**...bedeutet für mich „Die Seele" der Erde.

13 **Wabi-Sabi** steht als Begriff für ein japanisches ästhetisches Konzept, daß eng mit dem Zen-Buddhismus verbunden ist. Es bezeichnet vor allen Dingen z.B. Gegenstände, die alt sind und an denen man die Spuren der Zeit sehen kann. (Verwitterungen an einer Holzbank, getragene Lieblingsschuhe, ein zerlesenes Buch, usw.) Außerdem gibt es eine Entsprechung zum Dukkha, eine der Wahrheiten aus den „Vier edlen Wahrheiten" des Buddhismus, die Unvollkommenheit, Unbeständigkeit und Unwirklichkeit als Ursache allen Leidens beschreibt. Gleichzeitig beschreibt diese Wahrheit den Weg aus dem Leiden, indem das Ego nicht mehr an unbeständigen Dingen anhaftet.

Das „Warum" zum lahmen Lama :

1. In erster Linie möchte ich Menschen, mit denen ich arbeite, die Möglichkeit geben, etwas mehr von dem, was ich schon erlebt habe, zu erfahren. Es geht mir also um die **Darstellung meiner Berufserfahrung.** So könnten sich auch Menschen, die mich nicht persönlich kennen, vorab über mich informieren.

2. Außerdem möchte ich für Dich und alle "Gut-Menschen", die ich lieb´habe, etwas **"Bleibendes"** schaffen.

3. Ich möchte meine Erfahrungen denen zur Verfügung stellen, die auch auf dem „Weg" sind und Ihnen damit **Mut machen**, ihrem Herzen zu folgen.

4. Vielleicht können meine Erfahrungen den einen oder anderen so erreichen und auch auf diesem Weg **Leid lindern** oder sogar verhindern.

5. Vielleicht **macht** es Menschen **Hoffnung**, die Ihre Lieben durch den Tod "verloren" haben, wenn sie wissen, daß die Seele ewig ist.

6. Mein Liebesdienst an die Gemeinschaft der Menschen, für eine **Zukunft,** in der unsere Kinder in einer **harmonischen Gesellschaft** leben können.

7. Für meine **geistigen Väter**
(H.K. Hesse, J.W. Goethe, I. Kant, C.G. Jung, Lü Dongbin/ Lü Yan, Laotse, Lama Anagarika Govinda).

8. Für meinen Wurzellama **Tulku Ugen** und **Padmasambhava.**

9. ICH sollte das jetzt schreiben und veröffentlichen.

Seit 2000 hat die Autorin viele Initiationen, auch anderer Art, erhalten. Bis heute hat sie viele Erfahrungen bezüglich Seelen, die „gehen" bzw. „nicht gehen" können, gesammelt. Sie arbeitet mit Mantren und energetischen Symbolen, aber auch mit Heilsteinen, Runen und Crowley-Tarot, darüber hinaus mit aufgestiegenen Meisterenergien. Sie reinigt energetisch den Körper (Haus der Seele), als Medium aber auch Gebäude.
Blockaden und Verspannungen, oft Ursache für Schmerzen, werden durch ihre Arbeit aufgelöst. So kommt Chi wieder in den „Fluss" und der Mensch zurück in seine seelische Mitte. Zeitlich rückwärts auf den Meridianen reisend, hat sie dabei schon viele spannende Abenteuer erlebt, sowie interessante Entdeckungen gemacht.

Kontakt: Yvonne Bader (*Pema Wangchuk*)
yvonne-bader@t-online.de